TRASTORNO LÍMITE DE LA PERSONALIDAD

CUADERNO DE TRABAJO

TERAPIA CONDUCTUAL DIALÉCTICA PARA EL TRASTORNO LÍMITE DE LA PERSONALIDAD EN ADULTOS

Querida mente lo que sea que me hagas. Me quedaré orgulloso de ti

FECHA: **HORA :**

ANÁLISIS DEL ESTADO DE ÁNIMO PARA EL TRASTORNO LÍMITE DE LA PERSONALIDAD (HOJA DE TRABAJO DE ALIMENTOS)

LAS DECISIONES DE HOY SOBRE LA ALIMENTACIÓN EMOCIONAL ASOCIADO CON EL TRASTORNO LÍMITE DE LA PERSONALIDAD

intensidad Malos sentimientos al comer NA ○ ○ ○ ○ ○ ○

RASTREADOR DE ALIMENTACIÓN EMOCIONAL

Hora	Comida	Sentimientos límite durante una comida	Estrategia de afrontamiento	Nota
Desayuno				
Almuerzo				
Cena				
Otro Aperitivos .... ✓ .... ✓ .... ✓ .... ✓				

NIVEL DE HAMBRE: / 10

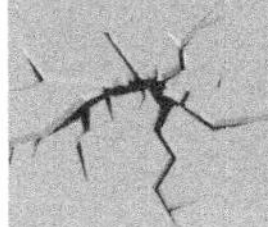

Hoja de trabajo de terapia cognitivo-conductual para el trastorno límite de la personalidad

Fecha: / /

Calidad de Sueño: /10

SITUAZIONE: COSA È SUCCESSO?
COSA CAMBIA IL TUO UMORE ?

¿QUÉ LE GUSTARÍA HACER O DECIR?

COSA SENTO NEL MIO (CORPO, VISO) ? :

UNA FORMA DE MEJORAR EL MAÑANA

Monitoreo diario de humor

- ENFADADO ☐
- MOLESTO ☐
- ANSIOSO ☐
- AVERGONZADO ☐
- EMBARAZOSO ☐
- VALIENTE ☐
- TRANQUILO ☐
- ALEGRE ☐
- FRÍO ☐
- CONFUNDIDO ☐
- DESANIMADO ☐
- DISTRAÍDO ☐
- AVERGONZADO ☐
- EMOCIONADO ☐
- AMISTOSO ☐
- CULPABLE ☐
- CONTENTO ☐
- ESPERANZADO ☐
- SOLITARIO ☐
- AMADO ☐
- NERVIOSO ☐
- OFENDIDO ☐
- TEMEROSO ☐
- CONSIDERADO ☐
- CANSADO ☐
- INCÓMODO ☐
- INSEGURO ☐

DESAFÍO DE SÍNTOMAS DE PERSONALIDAD T.P.D (HOJA DE CÁLCULO DIARIO)

OPEN CHALLENGE

Date :

Cosas, emociones positivas, ideas, trucos, habilidades relacionadas con sus estrategias para ignorar los síntomas dañinos de la personalidad límite:

¿Está satisfecho con el progreso que ha logrado contra el T.L.P? ¿hasta ahora?

Yes ☐ No ☐

Por qué :

TRASTORNO LÍMITE DE LA PERSONALIDAD
DIARIO DE ADAPTACIÓN

SENTIMIENTOS DE INDIGNIDAD:

SENTIMIENTOS DE DESPRECIO:

RESISTIR LOS CAMBIOS DE HUMOR DEL TRASTORNO LÍMITE DE LA PERSONALIDAD:

CONFLICTOS INTERPERSONALES:

OTRAS COSAS

TRASTORNO LÍMITE DE LA PERSONALIDAD
HÁBITOS PARA ARREGLAR O MEJORAR

LOS LÍMITES DIARIOS QUE NO DEBERÍA CRUZAR EN MI RELACIÓN CON LOS DEMÁS.

VICTORIAS DIARIAS CONTRA EL TRASTORNO LÍMITE DE LA PERSONALIDAD

COSAS POR LAS QUE ESTOY AGRADECIDO

NUEVOS COMPORTAMIENTOS NEGATIVOS LIMÍTROFES DE LOS QUE NECESITO DESHACERME

NUEVA INFORMACIÓN Y HECHOS SOBRE EL TRASTORNO LÍMITE DE LA PERSONALIDAD Y CÓMO RECUPERARSE DE ÉL.

PROGRAMAS DE TELEVISIÓN, ARTÍCULOS ACADÉMICOS, LIBROS CIENTÍFICOS, ... ETC.

NOTAS TERAPÉUTICAS

FECHA: HORA :

ANÁLISIS DEL ESTADO DE ÁNIMO PARA EL TRASTORNO LÍMITE DE LA PERSONALIDAD (HOJA DE TRABAJO DE ALIMENTOS)

LAS DECISIONES DE HOY SOBRE LA ALIMENTACIÓN EMOCIONAL ASOCIADO CON EL TRASTORNO LÍMITE DE LA PERSONALIDAD

intensidad Malos sentimientos al comer NA ○ ○ ○ ○ ○ ○

RASTREADOR DE ALIMENTACIÓN EMOCIONAL

Hora	Comida	Sentimientos límite durante una comida	Estrategia de afrontamiento	Nota
Desayuno				
Almuerzo				
Cena				
Otro Aperitivos .... ✓ .... ✓ .... ✓ .... ✓				

NIVEL DE HAMBRE: / 10

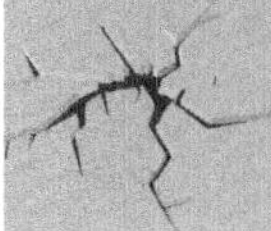

Hoja de trabajo de terapia cognitivo-conductual para el trastorno límite de la personalidad

Fecha: / /

Calidad de Sueño: /10

SITUAZIONE: COSA È SUCCESSO?
COSA CAMBIA IL TUO UMORE ?

¿QUÉ LE GUSTARÍA HACER O DECIR?

COSA SENTO NEL MIO (CORPO, VISO) ? :

UNA FORMA DE MEJORAR EL MAÑANA

Monitoreo diario de humor

- ENFADADO ☐
- MOLESTO ☐
- ANSIOSO ☐
- AVERGONZADO ☐
- EMBARAZOSO ☐
- VALIENTE ☐
- TRANQUILO ☐
- ALEGRE ☐
- FRÍO ☐
- CONFUNDIDO ☐
- DESANIMADO ☐
- DISTRAÍDO ☐
- AVERGONZADO ☐
- EMOCIONADO ☐
- AMISTOSO ☐
- CULPABLE ☐
- CONTENTO ☐
- ESPERANZADO ☐
- SOLITARIO ☐
- AMADO ☐
- NERVIOSO ☐
- OFENDIDO ☐
- TEMEROSO ☐
- CONSIDERADO ☐
- CANSADO ☐
- INCÓMODO ☐
- INSEGURO ☐

DESAFÍO DE SÍNTOMAS DE PERSONALIDAD T.P.D (HOJA DE CÁLCULO DIARIO)

OPEN CHALLENGE

Date :

Cosas, emociones positivas, ideas, trucos, habilidades relacionadas con sus estrategias para ignorar los síntomas dañinos de la personalidad límite:

¿Está satisfecho con el progreso que ha logrado contra el T.L.P? ¿hasta ahora?

Yes ☐ No ☐

Por qué :

TRASTORNO LÍMITE DE LA PERSONALIDAD
DIARIO DE ADAPTACIÓN

SENTIMIENTOS DE INDIGNIDAD:

SENTIMIENTOS DE DESPRECIO:

RESISTIR LOS CAMBIOS DE HUMOR DEL TRASTORNO LÍMITE DE LA PERSONALIDAD:

CONFLICTOS INTERPERSONALES:

OTRAS COSAS

TRASTORNO LÍMITE DE LA PERSONALIDAD
HÁBITOS PARA ARREGLAR O MEJORAR

LOS LÍMITES DIARIOS QUE NO DEBERÍA CRUZAR EN MI RELACIÓN CON LOS DEMÁS.

VICTORIAS DIARIAS CONTRA EL TRASTORNO LÍMITE DE LA PERSONALIDAD

COSAS POR LAS QUE ESTOY AGRADECIDO

NUEVOS COMPORTAMIENTOS NEGATIVOS LIMÍTROFES DE LOS QUE NECESITO DESHACERME

NUEVA INFORMACIÓN Y HECHOS SOBRE EL TRASTORNO LÍMITE DE LA PERSONALIDAD Y CÓMO RECUPERARSE DE ÉL.

PROGRAMAS DE TELEVISIÓN, ARTÍCULOS ACADÉMICOS, LIBROS CIENTÍFICOS, ... ETC.

NOTAS TERAPÉUTICAS

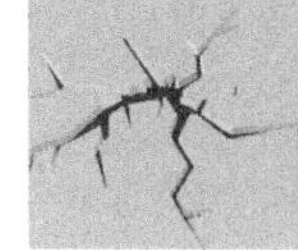

Hoja de trabajo de terapia cognitivo-conductual para el trastorno límite de la personalidad

Fecha: / /

Calidad de Sueño: /10

SITUAZIONE: COSA È SUCCESSO?
COSA CAMBIA IL TUO UMORE ?

¿QUÉ LE GUSTARÍA HACER O DECIR?

COSA SENTO NEL MIO (CORPO, VISO) ? :

UNA FORMA DE MEJORAR EL MAÑANA

Monitoreo diario de humor

- ENFADADO ☐
- MOLESTO ☐
- ANSIOSO ☐
- AVERGONZADO ☐
- EMBARAZOSO ☐
- VALIENTE ☐
- TRANQUILO ☐
- ALEGRE ☐
- FRÍO ☐
- CONFUNDIDO ☐
- DESANIMADO ☐
- DISTRAÍDO ☐
- AVERGONZADO ☐
- EMOCIONADO ☐
- AMISTOSO ☐
- CULPABLE ☐
- CONTENTO ☐
- ESPERANZADO ☐
- SOLITARIO ☐
- AMADO ☐
- NERVIOSO ☐
- OFENDIDO ☐
- TEMEROSO ☐
- CONSIDERADO ☐
- CANSADO ☐
- INCÓMODO ☐
- INSEGURO ☐

DESAFÍO DE SÍNTOMAS DE PERSONALIDAD T.P.D (HOJA DE CÁLCULO DIARIO)

OPEN CHALLENGE

Date :

Cosas, emociones positivas, ideas, trucos, habilidades relacionadas con sus estrategias para ignorar los síntomas dañinos de la personalidad límite:

¿Está satisfecho con el progreso que ha logrado contra el T.L.P? ¿hasta ahora?

Yes ☐ **No** ☐

Por qué :

VICTORIAS DIARIAS CONTRA EL TRASTORNO LÍMITE DE LA PERSONALIDAD

COSAS POR LAS QUE ESTOY AGRADECIDO

FECHA: HORA :

ANÁLISIS DEL ESTADO DE ÁNIMO PARA EL TRASTORNO LÍMITE DE LA PERSONALIDAD (HOJA DE TRABAJO DE ALIMENTOS)

LAS DECISIONES DE HOY SOBRE LA ALIMENTACIÓN EMOCIONAL ASOCIADO CON EL TRASTORNO LÍMITE DE LA PERSONALIDAD

intensidad Malos sentimientos al comer NA ○ ○ ○ ○ ○ ○

RASTREADOR DE ALIMENTACIÓN EMOCIONAL

Hora	Comida	Sentimientos límite durante una comida	Estrategia de afrontamiento	Nota
Desayuno				
Almuerzo				
Cena				
Otro Aperitivos				

NIVEL DE HAMBRE: / 10

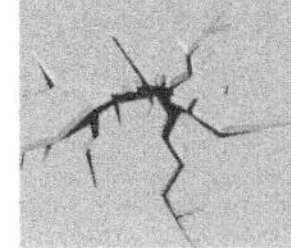

Hoja de trabajo de terapia cognitivo-conductual para el trastorno límite de la personalidad

Fecha: / /

Calidad de Sueño: /10

SITUAZIONE: COSA È SUCCESSO?
COSA CAMBIA IL TUO UMORE ?

¿QUÉ LE GUSTARÍA HACER O DECIR?

COSA SENTO NEL MIO (CORPO, VISO) ? :

UNA FORMA DE MEJORAR EL MAÑANA

Monitoreo diario de humor

- ENFADADO ☐
- MOLESTO ☐
- ANSIOSO ☐
- AVERGONZADO ☐
- EMBARAZOSO ☐
- VALIENTE ☐
- TRANQUILO ☐
- ALEGRE ☐
- FRÍO ☐
- CONFUNDIDO ☐
- DESANIMADO ☐
- DISTRAÍDO ☐
- AVERGONZADO ☐
- EMOCIONADO ☐
- AMISTOSO ☐
- CULPABLE ☐
- CONTENTO ☐
- ESPERANZADO ☐
- SOLITARIO ☐
- AMADO ☐
- NERVIOSO ☐
- OFENDIDO ☐
- TEMEROSO ☐
- CONSIDERADO ☐
- CANSADO ☐
- INCÓMODO ☐
- INSEGURO ☐

DESAFÍO DE SÍNTOMAS DE PERSONALIDAD T.P.D (HOJA DE CÁLCULO DIARIO)

OPEN CHALLENGE

Date :

Cosas, emociones positivas, ideas, trucos, habilidades relacionadas con sus estrategias para ignorar los síntomas dañinos de la personalidad límite:

¿Está satisfecho con el progreso que ha logrado contra el T.L.P? ¿hasta ahora?

Yes ☐ No ☐

Por qué :

TRASTORNO LÍMITE DE LA PERSONALIDAD
DIARIO DE ADAPTACIÓN

SENTIMIENTOS DE INDIGNIDAD:

SENTIMIENTOS DE DESPRECIO:

RESISTIR LOS CAMBIOS DE HUMOR DEL TRASTORNO LÍMITE DE LA PERSONALIDAD:

CONFLICTOS INTERPERSONALES:

OTRAS COSAS

TRASTORNO LÍMITE DE LA PERSONALIDAD
HÁBITOS PARA ARREGLAR O MEJORAR

LOS LÍMITES DIARIOS QUE NO DEBERÍA CRUZAR EN MI RELACIÓN CON LOS DEMÁS.

VICTORIAS DIARIAS CONTRA EL TRASTORNO LÍMITE DE LA PERSONALIDAD

COSAS POR LAS QUE ESTOY AGRADECIDO

NUEVOS COMPORTAMIENTOS NEGATIVOS LIMÍTROFES DE LOS QUE NECESITO DESHACERME

NUEVA INFORMACIÓN Y HECHOS SOBRE EL TRASTORNO LÍMITE DE LA PERSONALIDAD Y CÓMO RECUPERARSE DE ÉL.

PROGRAMAS DE TELEVISIÓN, ARTÍCULOS ACADÉMICOS, LIBROS CIENTÍFICOS, ... ETC.

NOTAS TERAPÉUTICAS

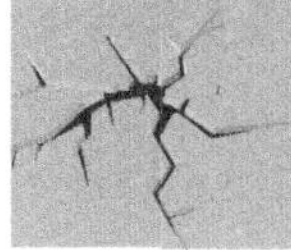

Hoja de trabajo de terapia cognitivo-conductual para el trastorno límite de la personalidad

Fecha: / /

Calidad de Sueño: /10

SITUAZIONE: COSA È SUCCESSO?
COSA CAMBIA IL TUO UMORE ?

¿QUÉ LE GUSTARÍA HACER O DECIR?

COSA SENTO NEL MIO (CORPO, VISO) ? :

UNA FORMA DE MEJORAR EL MAÑANA

Monitoreo diario de humor

- ENFADADO ☐
- MOLESTO ☐
- ANSIOSO ☐
- AVERGONZADO ☐
- EMBARAZOSO ☐
- VALIENTE ☐
- TRANQUILO ☐
- ALEGRE ☐
- FRÍO ☐
- CONFUNDIDO ☐
- DESANIMADO ☐
- DISTRAÍDO ☐
- AVERGONZADO ☐
- EMOCIONADO ☐
- AMISTOSO ☐
- CULPABLE ☐
- CONTENTO ☐
- ESPERANZADO ☐
- SOLITARIO ☐
- AMADO ☐
- NERVIOSO ☐
- OFENDIDO ☐
- TEMEROSO ☐
- CONSIDERADO ☐
- CANSADO ☐
- INCÓMODO ☐
- INSEGURO ☐

DESAFÍO DE SÍNTOMAS DE PERSONALIDAD T.P.D (HOJA DE CÁLCULO DIARIO)

OPEN CHALLENGE

Date : ....

Cosas, emociones positivas, ideas, trucos, habilidades relacionadas con sus estrategias para ignorar los síntomas dañinos de la personalidad límite: ______

¿Está satisfecho con el progreso que ha logrado contra el T.L.P? ¿hasta ahora?

Yes	No
☐	☐

Por qué : ....

VICTORIAS DIARIAS CONTRA EL TRASTORNO LÍMITE DE LA PERSONALIDAD

COSAS POR LAS QUE ESTOY AGRADECIDO

FECHA: **HORA :**

ANÁLISIS DEL ESTADO DE ÁNIMO PARA EL TRASTORNO LÍMITE DE LA PERSONALIDAD (HOJA DE TRABAJO DE ALIMENTOS)

LAS DECISIONES DE HOY SOBRE LA ALIMENTACIÓN EMOCIONAL ASOCIADO CON EL TRASTORNO LÍMITE DE LA PERSONALIDAD

intensidad Malos sentimientos al comer NA ○ ○ ○ ○ ○ ○

RASTREADOR DE ALIMENTACIÓN EMOCIONAL

Hora	Comida	Sentimientos límite durante una comida	Estrategia de afrontamiento	Nota
Desayuno				
Almuerzo				
Cena				
Otro Aperitivos .... ✓ .... ✓ .... ✓ .... ✓				

NIVEL DE HAMBRE: / 10

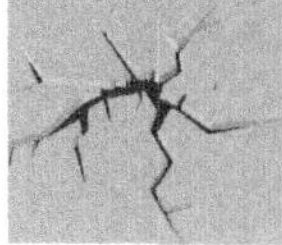

Hoja de trabajo de terapia cognitivo-conductual para el trastorno límite de la personalidad

Fecha: / /

Calidad de Sueño: /10

SITUAZIONE: COSA È SUCCESSO?
COSA CAMBIA IL TUO UMORE ?

¿QUÉ LE GUSTARÍA HACER O DECIR?

COSA SENTO NEL MIO (CORPO, VISO) ? :

UNA FORMA DE MEJORAR EL MAÑANA

Monitoreo diario de humor

- ENFADADO ☐
- MOLESTO ☐
- ANSIOSO ☐
- AVERGONZADO ☐
- EMBARAZOSO ☐
- VALIENTE ☐
- TRANQUILO ☐
- ALEGRE ☐
- FRÍO ☐
- CONFUNDIDO ☐
- DESANIMADO ☐
- DISTRAÍDO ☐
- AVERGONZADO ☐
- EMOCIONADO ☐
- AMISTOSO ☐
- CULPABLE ☐
- CONTENTO ☐
- ESPERANZADO ☐
- SOLITARIO ☐
- AMADO ☐
- NERVIOSO ☐
- OFENDIDO ☐
- TEMEROSO ☐
- CONSIDERADO ☐
- CANSADO ☐
- INCÓMODO ☐
- INSEGURO ☐

DESAFÍO DE SÍNTOMAS DE PERSONALIDAD T.P.D (HOJA DE CÁLCULO DIARIO)

OPEN CHALLENGE

Date : ....

Cosas, emociones positivas, ideas, trucos, habilidades relacionadas con sus estrategias para ignorar los síntomas dañinos de la personalidad límite: ____________________

	Yes	No
¿Está satisfecho con el progreso que ha logrado contra el T.L.P? ¿hasta ahora?	☐	☐

Por qué : ....

....

....

....

TRASTORNO LÍMITE DE LA PERSONALIDAD
DIARIO DE ADAPTACIÓN

SENTIMIENTOS DE INDIGNIDAD:

SENTIMIENTOS DE DESPRECIO:

RESISTIR LOS CAMBIOS DE HUMOR DEL TRASTORNO LÍMITE DE LA PERSONALIDAD:

CONFLICTOS INTERPERSONALES:

OTRAS COSAS

TRASTORNO LÍMITE DE LA PERSONALIDAD
HÁBITOS PARA ARREGLAR O MEJORAR

LOS LÍMITES DIARIOS QUE NO DEBERÍA CRUZAR EN MI RELACIÓN CON LOS DEMÁS.

VICTORIAS DIARIAS CONTRA EL TRASTORNO LÍMITE DE LA PERSONALIDAD

COSAS POR LAS QUE ESTOY AGRADECIDO

NUEVOS COMPORTAMIENTOS NEGATIVOS LIMÍTROFES DE LOS QUE NECESITO DESHACERME

NUEVA INFORMACIÓN Y HECHOS SOBRE EL TRASTORNO LÍMITE DE LA PERSONALIDAD Y CÓMO RECUPERARSE DE ÉL.

PROGRAMAS DE TELEVISIÓN, ARTÍCULOS ACADÉMICOS, LIBROS CIENTÍFICOS, ... ETC.

NOTAS TERAPÉUTICAS

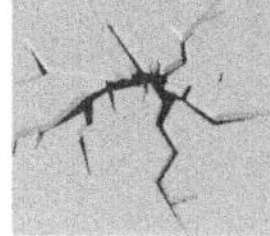

Hoja de trabajo de terapia cognitivo-conductual para el trastorno límite de la personalidad

Fecha: / /

Calidad de Sueño: /10

SITUAZIONE: COSA È SUCCESSO?
COSA CAMBIA IL TUO UMORE ?

¿QUÉ LE GUSTARÍA HACER O DECIR?

COSA SENTO NEL MIO (CORPO, VISO) ? :

UNA FORMA DE MEJORAR EL MAÑANA

Monitoreo diario de humor

- ENFADADO ☐
- MOLESTO ☐
- ANSIOSO ☐
- AVERGONZADO ☐
- EMBARAZOSO ☐
- VALIENTE ☐
- TRANQUILO ☐
- ALEGRE ☐
- FRÍO ☐
- CONFUNDIDO ☐
- DESANIMADO ☐
- DISTRAÍDO ☐
- AVERGONZADO ☐
- EMOCIONADO ☐
- AMISTOSO ☐
- CULPABLE ☐
- CONTENTO ☐
- ESPERANZADO ☐
- SOLITARIO ☐
- AMADO ☐
- NERVIOSO ☐
- OFENDIDO ☐
- TEMEROSO ☐
- CONSIDERADO ☐
- CANSADO ☐
- INCÓMODO ☐
- INSEGURO ☐

DESAFÍO DE SÍNTOMAS DE PERSONALIDAD T.P.D (HOJA DE CÁLCULO DIARIO)

OPEN CHALLENGE

Date : ....

Cosas, emociones positivas, ideas, trucos, habilidades relacionadas con sus estrategias para ignorar los síntomas dañinos de la personalidad límite: ____________________

____

____

____

____

____

____

¿Está satisfecho con el progreso que ha logrado contra el T.L.P? ¿hasta ahora?

Yes ☐ **No** ☐

Por qué : ....

....

....

....

VICTORIAS DIARIAS CONTRA EL TRASTORNO LÍMITE DE LA PERSONALIDAD

COSAS POR LAS QUE ESTOY AGRADECIDO

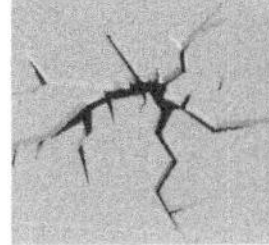

Hoja de trabajo de terapia cognitivo-conductual para el trastorno límite de la personalidad

Fecha: / /

Calidad de Sueño: /10

SITUAZIONE: COSA È SUCCESSO?
COSA CAMBIA IL TUO UMORE ?

¿QUÉ LE GUSTARÍA HACER O DECIR?

COSA SENTO NEL MIO (CORPO, VISO) ? :

UNA FORMA DE MEJORAR EL MAÑANA

Monitoreo diario de humor

- ENFADADO ☐
- MOLESTO ☐
- ANSIOSO ☐
- AVERGONZADO ☐
- EMBARAZOSO ☐
- VALIENTE ☐
- TRANQUILO ☐
- ALEGRE ☐
- FRÍO ☐
- CONFUNDIDO ☐
- DESANIMADO ☐
- DISTRAÍDO ☐
- AVERGONZADO ☐
- EMOCIONADO ☐
- AMISTOSO ☐
- CULPABLE ☐
- CONTENTO ☐
- ESPERANZADO ☐
- SOLITARIO ☐
- AMADO ☐
- NERVIOSO ☐
- OFENDIDO ☐
- TEMEROSO ☐
- CONSIDERADO ☐
- CANSADO ☐
- INCÓMODO ☐
- INSEGURO ☐

DESAFÍO DE SÍNTOMAS DE PERSONALIDAD T.P.D (HOJA DE CÁLCULO DIARIO)

OPEN CHALLENGE

Date : ....

Cosas, emociones positivas, ideas, trucos, habilidades relacionadas con sus estrategias para ignorar los síntomas dañinos de la personalidad límite: ____________________

¿Está satisfecho con el progreso que ha logrado contra el T.L.P? ¿hasta ahora?

Yes ☐ No ☐

Por qué : ....

VICTORIAS DIARIAS CONTRA EL TRASTORNO LÍMITE DE LA PERSONALIDAD

COSAS POR LAS QUE ESTOY AGRADECIDO

FECHA: **HORA :**

ANÁLISIS DEL ESTADO DE ÁNIMO PARA EL TRASTORNO LÍMITE DE LA PERSONALIDAD (HOJA DE TRABAJO DE ALIMENTOS)

LAS DECISIONES DE HOY SOBRE LA ALIMENTACIÓN EMOCIONAL ASOCIADO CON EL TRASTORNO LÍMITE DE LA PERSONALIDAD

intensidad Malos sentimientos al comer NA ○ ○ ○ ○ ○ ○

RASTREADOR DE ALIMENTACIÓN EMOCIONAL

Hora	Comida	Sentimientos límite durante una comida	Estrategia de afrontamiento	Nota
Desayuno				
Almuerzo				
Cena				
Otro Aperitivos				

NIVEL DE HAMBRE: /10

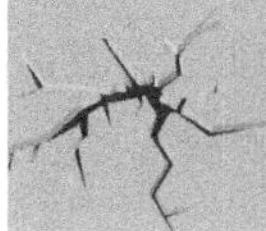

Hoja de trabajo de terapia cognitivo-conductual para el trastorno límite de la personalidad

Fecha: / /

Calidad de Sueño: /10

SITUAZIONE: COSA È SUCCESSO?
COSA CAMBIA IL TUO UMORE ?

¿QUÉ LE GUSTARÍA HACER O DECIR?

COSA SENTO NEL MIO (CORPO, VISO) ? :

Monitoreo diario de humor

- [ ] ENFADADO
- [ ] MOLESTO
- [ ] ANSIOSO
- [ ] AVERGONZADO
- [ ] EMBARAZOSO
- [ ] VALIENTE
- [ ] TRANQUILO
- [ ] ALEGRE
- [ ] FRÍO
- [ ] CONFUNDIDO
- [ ] DESANIMADO
- [ ] DISTRAÍDO
- [ ] AVERGONZADO
- [ ] EMOCIONADO
- [ ] AMISTOSO
- [ ] CULPABLE
- [ ] CONTENTO
- [ ] ESPERANZADO
- [ ] SOLITARIO
- [ ] AMADO
- [ ] NERVIOSO
- [ ] OFENDIDO
- [ ] TEMEROSO
- [ ] CONSIDERADO
- [ ] CANSADO
- [ ] INCÓMODO
- [ ] INSEGURO

UNA FORMA DE MEJORAR EL MAÑANA

DESAFÍO DE SÍNTOMAS DE PERSONALIDAD T.P.D (HOJA DE CÁLCULO DIARIO)

OPEN CHALLENGE

Date :

Cosas, emociones positivas, ideas, trucos, habilidades relacionadas con sus estrategias para ignorar los síntomas dañinos de la personalidad límite:

¿Está satisfecho con el progreso que ha logrado contra el T.L.P? ¿hasta ahora?

Yes ☐ **No** ☐

Por qué :

TRASTORNO LÍMITE DE LA PERSONALIDAD
DIARIO DE ADAPTACIÓN

SENTIMIENTOS DE INDIGNIDAD:

SENTIMIENTOS DE DESPRECIO:

RESISTIR LOS CAMBIOS DE HUMOR DEL TRASTORNO LÍMITE DE LA PERSONALIDAD:

CONFLICTOS INTERPERSONALES:

OTRAS COSAS

TRASTORNO LÍMITE DE LA PERSONALIDAD
HÁBITOS PARA ARREGLAR O MEJORAR

LOS LÍMITES DIARIOS QUE NO DEBERÍA CRUZAR EN MI RELACIÓN CON LOS DEMÁS.

VICTORIAS DIARIAS CONTRA EL TRASTORNO LÍMITE DE LA PERSONALIDAD

COSAS POR LAS QUE ESTOY AGRADECIDO

NUEVOS COMPORTAMIENTOS NEGATIVOS LIMÍTROFES DE LOS QUE NECESITO DESHACERME

NUEVA INFORMACIÓN Y HECHOS SOBRE EL TRASTORNO LÍMITE DE LA PERSONALIDAD Y CÓMO RECUPERARSE DE ÉL.

PROGRAMAS DE TELEVISIÓN, ARTÍCULOS ACADÉMICOS, LIBROS CIENTÍFICOS, ... ETC.

NOTAS TERAPÉUTICAS

Hoja de trabajo de terapia cognitivo-conductual para el trastorno límite de la personalidad

Fecha: / /

Calidad de Sueño: /10

SITUAZIONE: COSA È SUCCESSO?
COSA CAMBIA IL TUO UMORE ?

¿QUÉ LE GUSTARÍA HACER O DECIR?

COSA SENTO NEL MIO (CORPO, VISO) ? :

UNA FORMA DE MEJORAR EL MAÑANA

Monitoreo diario de humor

- ENFADADO ☐
- MOLESTO ☐
- ANSIOSO ☐
- AVERGONZADO ☐
- EMBARAZOSO ☐
- VALIENTE ☐
- TRANQUILO ☐
- ALEGRE ☐
- FRÍO ☐
- CONFUNDIDO ☐
- DESANIMADO ☐
- DISTRAÍDO ☐
- AVERGONZADO ☐
- EMOCIONADO ☐
- AMISTOSO ☐
- CULPABLE ☐
- CONTENTO ☐
- ESPERANZADO ☐
- SOLITARIO ☐
- AMADO ☐
- NERVIOSO ☐
- OFENDIDO ☐
- TEMEROSO ☐
- CONSIDERADO ☐
- CANSADO ☐
- INCÓMODO ☐
- INSEGURO ☐

DESAFÍO DE SÍNTOMAS DE PERSONALIDAD T.P.D (HOJA DE CÁLCULO DIARIO)

CHALLENGE

OPEN

Date : ....

Cosas, emociones positivas, ideas, trucos, habilidades relacionadas con sus estrategias para ignorar los síntomas dañinos de la personalidad límite: ______________________________

¿Está satisfecho con el progreso que ha logrado contra el T.L.P? ¿hasta ahora?

Yes	No
☐	☐

Por qué : ....

....

....

....

VICTORIAS DIARIAS CONTRA EL TRASTORNO LÍMITE DE LA PERSONALIDAD

COSAS POR LAS QUE ESTOY AGRADECIDO

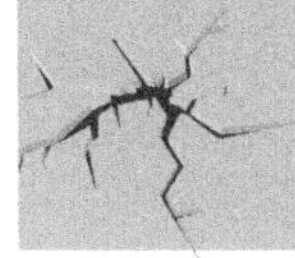

Hoja de trabajo de terapia cognitivo-conductual para el trastorno límite de la personalidad

Fecha: / /

Calidad de Sueño: /10

SITUAZIONE: COSA È SUCCESSO?
COSA CAMBIA IL TUO UMORE ?

¿QUÉ LE GUSTARÍA HACER O DECIR?

COSA SENTO NEL MIO (CORPO, VISO) ? :

UNA FORMA DE MEJORAR EL MAÑANA

Monitoreo diario de humor

- ENFADADO ☐
- MOLESTO ☐
- ANSIOSO ☐
- AVERGONZADO ☐
- EMBARAZOSO ☐
- VALIENTE ☐
- TRANQUILO ☐
- ALEGRE ☐
- FRÍO ☐
- CONFUNDIDO ☐
- DESANIMADO ☐
- DISTRAÍDO ☐
- AVERGONZADO ☐
- EMOCIONADO ☐
- AMISTOSO ☐
- CULPABLE ☐
- CONTENTO ☐
- ESPERANZADO ☐
- SOLITARIO ☐
- AMADO ☐
- NERVIOSO ☐
- OFENDIDO ☐
- TEMEROSO ☐
- CONSIDERADO ☐
- CANSADO ☐
- INCÓMODO ☐
- INSEGURO ☐

DESAFÍO DE SÍNTOMAS DE PERSONALIDAD T.P.D (HOJA DE CÁLCULO DIARIO)

OPEN CHALLENGE

Date : ....

Cosas, emociones positivas, ideas, trucos, habilidades relacionadas con sus estrategias para ignorar los síntomas dañinos de la personalidad límite: ____________________

____

____

____

____

____

____

____

____

____

____

____

¿Está satisfecho con el progreso que ha logrado contra el T.L.P? ¿hasta ahora?	Yes	No
	☐	☐

Por qué : ....

....

....

....

VICTORIAS DIARIAS CONTRA EL TRASTORNO LÍMITE DE LA PERSONALIDAD

COSAS POR LAS QUE ESTOY AGRADECIDO

FECHA: HORA :

ANÁLISIS DEL ESTADO DE ÁNIMO PARA EL TRASTORNO LÍMITE DE LA PERSONALIDAD (HOJA DE TRABAJO DE ALIMENTOS)

LAS DECISIONES DE HOY SOBRE LA ALIMENTACIÓN EMOCIONAL ASOCIADO CON EL TRASTORNO LÍMITE DE LA PERSONALIDAD

NA

intensidad Malos sentimientos al comer ○ ○ ○ ○ ○ ○

RASTREADOR DE ALIMENTACIÓN EMOCIONAL

Hora	Comida	Sentimientos límite durante una comida	Estrategia de afrontamiento	Nota
Desayuno				
Almuerzo				
Cena				
Otro Aperitivos				

NIVEL DE HAMBRE: /10

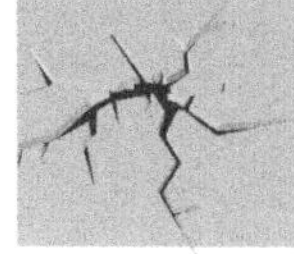

Hoja de trabajo de terapia cognitivo-conductual para el trastorno límite de la personalidad

Fecha: / /

Calidad de Sueño: /10

SITUAZIONE: COSA È SUCCESSO?
COSA CAMBIA IL TUO UMORE ?

¿QUÉ LE GUSTARÍA HACER O DECIR?

COSA SENTO NEL MIO (CORPO, VISO) ? :

Monitoreo diario de humor

- [ ] ENFADADO
- [ ] MOLESTO
- [ ] ANSIOSO
- [ ] AVERGONZADO
- [ ] EMBARAZOSO
- [ ] VALIENTE
- [ ] TRANQUILO
- [ ] ALEGRE
- [ ] FRÍO
- [ ] CONFUNDIDO
- [ ] DESANIMADO
- [ ] DISTRAÍDO
- [ ] AVERGONZADO
- [ ] EMOCIONADO
- [ ] AMISTOSO
- [ ] CULPABLE
- [ ] CONTENTO
- [ ] ESPERANZADO
- [ ] SOLITARIO
- [ ] AMADO
- [ ] NERVIOSO
- [ ] OFENDIDO
- [ ] TEMEROSO
- [ ] CONSIDERADO
- [ ] CANSADO
- [ ] INCÓMODO
- [ ] INSEGURO

UNA FORMA DE MEJORAR EL MAÑANA

DESAFÍO DE SÍNTOMAS DE PERSONALIDAD T.P.D (HOJA DE CÁLCULO DIARIO)

OPEN CHALLENGE

Date : ....

Cosas, emociones positivas, ideas, trucos, habilidades relacionadas con sus estrategias para ignorar los síntomas dañinos de la personalidad límite: ____________________

¿Está satisfecho con el progreso que ha logrado contra el T.L.P? ¿hasta ahora?

Yes	No
☐	☐

Por qué : ....

TRASTORNO LÍMITE DE LA PERSONALIDAD DIARIO DE ADAPTACIÓN

SENTIMIENTOS DE INDIGNIDAD:

SENTIMIENTOS DE DESPRECIO:

RESISTIR LOS CAMBIOS DE HUMOR DEL TRASTORNO LÍMITE DE LA PERSONALIDAD:

CONFLICTOS INTERPERSONALES:

OTRAS COSAS

TRASTORNO LÍMITE DE LA PERSONALIDAD
HÁBITOS PARA ARREGLAR O MEJORAR

LOS LÍMITES DIARIOS QUE NO DEBERÍA CRUZAR EN MI RELACIÓN CON LOS DEMÁS.

VICTORIAS DIARIAS CONTRA EL TRASTORNO LÍMITE DE LA PERSONALIDAD

COSAS POR LAS QUE ESTOY AGRADECIDO

NUEVOS COMPORTAMIENTOS NEGATIVOS LIMÍTROFES DE LOS QUE NECESITO DESHACERME

NUEVA INFORMACIÓN Y HECHOS SOBRE EL TRASTORNO LÍMITE DE LA PERSONALIDAD Y CÓMO RECUPERARSE DE ÉL.

PROGRAMAS DE TELEVISIÓN, ARTÍCULOS ACADÉMICOS, LIBROS CIENTÍFICOS, ... ETC.

NOTAS TERAPÉUTICAS

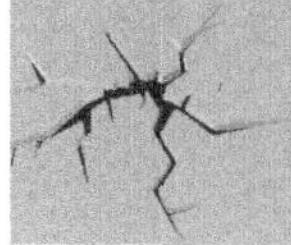

Hoja de trabajo de terapia cognitivo-conductual para el trastorno límite de la personalidad

Fecha: / /

Calidad de Sueño: /10

SITUAZIONE: COSA È SUCCESSO?
COSA CAMBIA IL TUO UMORE ?

¿QUÉ LE GUSTARÍA HACER O DECIR?

COSA SENTO NEL MIO (CORPO, VISO) ? :

UNA FORMA DE MEJORAR EL MAÑANA

Monitoreo diario de humor

- ENFADADO ☐
- MOLESTO ☐
- ANSIOSO ☐
- AVERGONZADO ☐
- EMBARAZOSO ☐
- VALIENTE ☐
- TRANQUILO ☐
- ALEGRE ☐
- FRÍO ☐
- CONFUNDIDO ☐
- DESANIMADO ☐
- DISTRAÍDO ☐
- AVERGONZADO ☐
- EMOCIONADO ☐
- AMISTOSO ☐
- CULPABLE ☐
- CONTENTO ☐
- ESPERANZADO ☐
- SOLITARIO ☐
- AMADO ☐
- NERVIOSO ☐
- OFENDIDO ☐
- TEMEROSO ☐
- CONSIDERADO ☐
- CANSADO ☐
- INCÓMODO ☐
- INSEGURO ☐

DESAFÍO DE SÍNTOMAS DE PERSONALIDAD T.P.D (HOJA DE CÁLCULO DIARIO)

OPEN CHALLENGE

Date : ....

Cosas, emociones positivas, ideas, trucos, habilidades relacionadas con sus estrategias para ignorar los síntomas dañinos de la personalidad límite: ____

____

____

____

____

____

____

____

____

____

____

¿Está satisfecho con el progreso que ha logrado contra el T.L.P? ¿hasta ahora?	**Yes**	**No**
	☐	☐

Por qué : ....

....

....

....

VICTORIAS DIARIAS CONTRA EL TRASTORNO LÍMITE DE LA PERSONALIDAD

COSAS POR LAS QUE ESTOY AGRADECIDO

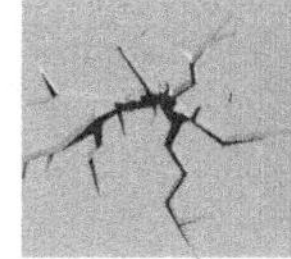

Hoja de trabajo de terapia cognitivo-conductual para el trastorno límite de la personalidad

Fecha: / /

Calidad de Sueño: /10

SITUAZIONE: COSA È SUCCESSO?
COSA CAMBIA IL TUO UMORE ?

¿QUÉ LE GUSTARÍA HACER O DECIR?

COSA SENTO NEL MIO (CORPO, VISO) ? :

Monitoreo diario de humor

- ENFADADO ☐
- MOLESTO ☐
- ANSIOSO ☐
- AVERGONZADO ☐
- EMBARAZOSO ☐
- VALIENTE ☐
- TRANQUILO ☐
- ALEGRE ☐
- FRÍO ☐
- CONFUNDIDO ☐
- DESANIMADO ☐
- DISTRAÍDO ☐
- AVERGONZADO ☐
- EMOCIONADO ☐
- AMISTOSO ☐
- CULPABLE ☐
- CONTENTO ☐
- ESPERANZADO ☐
- SOLITARIO ☐
- AMADO ☐
- NERVIOSO ☐
- OFENDIDO ☐
- TEMEROSO ☐
- CONSIDERADO ☐
- CANSADO ☐
- INCÓMODO ☐
- INSEGURO ☐

UNA FORMA DE MEJORAR EL MAÑANA

DESAFÍO DE SÍNTOMAS DE PERSONALIDAD T.P.D (HOJA DE CÁLCULO DIARIO)

OPEN CHALLENGE

Date :

Cosas, emociones positivas, ideas, trucos, habilidades relacionadas con sus estrategias para ignorar los síntomas dañinos de la personalidad límite:

¿Está satisfecho con el progreso que ha logrado contra el T.L.P? ¿hasta ahora?

Yes	No
☐	☐

Por qué :

VICTORIAS DIARIAS CONTRA EL TRASTORNO LÍMITE DE LA PERSONALIDAD

COSAS POR LAS QUE ESTOY AGRADECIDO

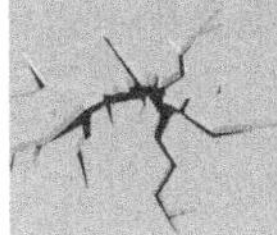

Hoja de trabajo de terapia cognitivo-conductual para el trastorno límite de la personalidad

Fecha: / /

Calidad de Sueño: /10

SITUAZIONE: COSA È SUCCESSO?
COSA CAMBIA IL TUO UMORE ?

¿QUÉ LE GUSTARÍA HACER O DECIR?

COSA SENTO NEL MIO (CORPO, VISO) ? :

UNA FORMA DE MEJORAR EL MAÑANA

Monitoreo diario de humor

- ENFADADO ☐
- MOLESTO ☐
- ANSIOSO ☐
- AVERGONZADO ☐
- EMBARAZOSO ☐
- VALIENTE ☐
- TRANQUILO ☐
- ALEGRE ☐
- FRÍO ☐
- CONFUNDIDO ☐
- DESANIMADO ☐
- DISTRAÍDO ☐
- AVERGONZADO ☐
- EMOCIONADO ☐
- AMISTOSO ☐
- CULPABLE ☐
- CONTENTO ☐
- ESPERANZADO ☐
- SOLITARIO ☐
- AMADO ☐
- NERVIOSO ☐
- OFENDIDO ☐
- TEMEROSO ☐
- CONSIDERADO ☐
- CANSADO ☐
- INCÓMODO ☐
- INSEGURO ☐

DESAFÍO DE SÍNTOMAS DE PERSONALIDAD T.P.D (HOJA DE CÁLCULO DIARIO)

OPEN CHALLENGE

Date :

Cosas, emociones positivas, ideas, trucos, habilidades relacionadas con sus estrategias para ignorar los síntomas dañinos de la personalidad límite:

Yes **No**

¿Está satisfecho con el progreso que ha logrado contra el T.L.P? ¿hasta ahora?

Por qué :

VICTORIAS DIARIAS CONTRA EL TRASTORNO LÍMITE DE LA PERSONALIDAD

COSAS POR LAS QUE ESTOY AGRADECIDO

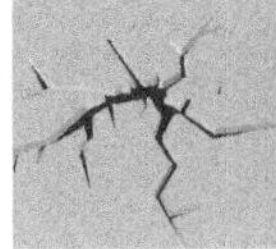

Hoja de trabajo de terapia cognitivo-conductual para el trastorno límite de la personalidad

Fecha: / /

Calidad de Sueño: /10

SITUAZIONE: COSA È SUCCESSO?
COSA CAMBIA IL TUO UMORE ?

¿QUÉ LE GUSTARÍA HACER O DECIR?

COSA SENTO NEL MIO (CORPO, VISO) ? :

UNA FORMA DE MEJORAR EL MAÑANA

Monitoreo diario de humor

- ENFADADO ☐
- MOLESTO ☐
- ANSIOSO ☐
- AVERGONZADO ☐
- EMBARAZOSO ☐
- VALIENTE ☐
- TRANQUILO ☐
- ALEGRE ☐
- FRÍO ☐
- CONFUNDIDO ☐
- DESANIMADO ☐
- DISTRAÍDO ☐
- AVERGONZADO ☐
- EMOCIONADO ☐
- AMISTOSO ☐
- CULPABLE ☐
- CONTENTO ☐
- ESPERANZADO ☐
- SOLITARIO ☐
- AMADO ☐
- NERVIOSO ☐
- OFENDIDO ☐
- TEMEROSO ☐
- CONSIDERADO ☐
- CANSADO ☐
- INCÓMODO ☐
- INSEGURO ☐

DESAFÍO DE SÍNTOMAS DE PERSONALIDAD T.P.D (HOJA DE CÁLCULO DIARIO)

OPEN CHALLENGE

Date : ....

Cosas, emociones positivas, ideas, trucos, habilidades relacionadas con sus estrategias para ignorar los síntomas dañinos de la personalidad límite: ______________________

____

____

____

____

____

____

____

____

____

____

____

¿Está satisfecho con el progreso que ha logrado contra el T.L.P? ¿hasta ahora?

Yes	No
☐	☐

Por qué : ....

....

....

....

VICTORIAS DIARIAS CONTRA EL TRASTORNO LÍMITE DE LA PERSONALIDAD

COSAS POR LAS QUE ESTOY AGRADECIDO

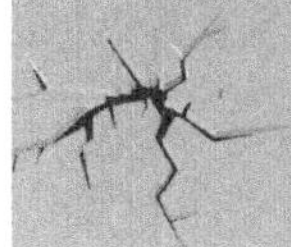

Hoja de trabajo de terapia cognitivo-conductual para el trastorno límite de la personalidad

Fecha: / /

Calidad de Sueño: /10

SITUAZIONE: COSA È SUCCESSO?
COSA CAMBIA IL TUO UMORE ?

¿QUÉ LE GUSTARÍA HACER O DECIR?

COSA SENTO NEL MIO (CORPO, VISO) ? :

UNA FORMA DE MEJORAR EL MAÑANA

Monitoreo diario de humor

- ENFADADO ☐
- MOLESTO ☐
- ANSIOSO ☐
- AVERGONZADO ☐
- EMBARAZOSO ☐
- VALIENTE ☐
- TRANQUILO ☐
- ALEGRE ☐
- FRÍO ☐
- CONFUNDIDO ☐
- DESANIMADO ☐
- DISTRAÍDO ☐
- AVERGONZADO ☐
- EMOCIONADO ☐
- AMISTOSO ☐
- CULPABLE ☐
- CONTENTO ☐
- ESPERANZADO ☐
- SOLITARIO ☐
- AMADO ☐
- NERVIOSO ☐
- OFENDIDO ☐
- TEMEROSO ☐
- CONSIDERADO ☐
- CANSADO ☐
- INCÓMODO ☐
- INSEGURO ☐

DESAFÍO DE SÍNTOMAS DE PERSONALIDAD T.P.D (HOJA DE CÁLCULO DIARIO)

OPEN CHALLENGE

Date : ....

Cosas, emociones positivas, ideas, trucos, habilidades relacionadas con sus estrategias para ignorar los síntomas dañinos de la personalidad límite: ____________________

¿Está satisfecho con el progreso que ha logrado contra el T.L.P? ¿hasta ahora?

Yes	No
☐	☐

Por qué : ....

VICTORIAS DIARIAS CONTRA EL TRASTORNO LÍMITE DE LA PERSONALIDAD

COSAS POR LAS QUE ESTOY AGRADECIDO

Made in the USA
Coppell, TX
30 April 2023